KB213797

육도윤회를 벗어나 왕생성불하는 법문

불설아미타경 사경집

무량수여래회 편저

비움과소통

독경은 부처님의 관정을 받아들여 감응하는 것

지극히 높고 위없는 불법을 전수하는 관정灌頂

무량수경은 일체 모든 부처님이 중생을 구제하여 불도를 이루게 하는

제일법문입니다. 만일 공경하는 마음으로 한번 읽는다면 아미타불이

우리에게 한번 관정灌頂할 뿐만 아니라, 시방삼세 일체 제불 역시

한다면 자신도 모르는 사이에 모든 부처님의 가피를 받게 되며,

우리에게 한번 관정합니다. 이와 같이 수승한 일을 만약 항상 독송

이것이 바로 감응입니다.

-정공법사 · 무량수경친문기

"마음이 고요하면 아미타불 명호를 부르고, 마음이 산란하면 아미타경을 사경한다."

《불설아미타경》은 무문자설(無問自說)의 경전이며, 밀교 중의 밀교이고, 팔만대장경의 7할(割)을 알아야 설할 수 있는 경전이며, 지극한 선종이며, 삼매를 증득해야 능히 설할 수 있는 경전입니다.

-현대의 유마(維摩)거사인 남회근 국사

아미타경 종요宗要

황념조黃念祖 거사 주강主講[1]

『아미타경』의 강종綱宗은 무엇입니까? 우익蕅益대사께서 가장 잘 말씀하셨습니다. 근대 정종의 대덕이신 인광印光대사께서는 우익대사께서 쓰신 『미타요해彌陀要解』에 대해서, "『요해』는 아미타경의 모든 주해 중에서 가장 훌륭한 것으로 석가모니부처님께서 직접 오셔서 주해하셔도 이를 뛰어넘을 수 없을 것이다." 말씀하셨습니다.

소본(아미타경)의 종요는 신원지명信願持名, 즉 믿음과 발원으로 명호를 집지하는 것입니다. 소본을 연구할 때 우리는 우익대사를 따라갈 것입니다. 우익대사께서는 소본의 강종은 「신원지명信願持名」이라고 말씀하셨습니다. 믿음·발원·지명행(信願行)을 삼자량三資糧이라고 합니다. 집을 나서서 여행하려면 돈을 준비해야 하는데, 이것이 노잣돈(資)입니다. 식권을 휴대해야 하는데, 이것이 식량(糧)입니다. 휴대가 간편한 건조식품은 훨씬 더 확실한 식량입니다. 믿음·발원·지명행, 이 셋은 생사의 바다를 건너는데 있어 없어서는 안 되는 자량입니다.

오늘 여러분께서는 모두 진실한 불자가 되셨습니다. 그런데 여전히 말만하고 믿지 않는다면 되겠습니까? 이번 염불도량에 참가하셨으면 당연히 극락세계가 있고, 아미타부처님이 있음을 알 것입니다.

---

[1] 황념조 거사의 어록집인 『심성록心聲錄』에 실린 〈정종심요淨宗心要〉에 포함된 글이다. 1989년 북경 광제사廣濟寺 염불칠념佛七 도량에서 강연한 녹음을 기초로 하여 1991년 북경연사北京蓮舍에서 정리한 것이다.

이것이 곧 믿음입니다. 그렇지만 이보다 더 수승한 믿음이 있습니다. 우익대사께서 그의 『요해』에서 이러한 믿음에 대해 여섯 가지를 드셨는데, 오늘은 간단히 설명해보겠습니다.

믿음에는 여섯 가지 믿음(六信)2)이 있습니다. 지금 말씀드려보겠습니다. 우선 극락세계가 있다고 믿고, 아미타부처님께서 계시다는 것을 믿습니다. 이렇게 믿는 것이 사事, 즉 사상事相입니다. 사상 차원에서 믿을 수 있으면(信事) 유리한 고지를 차지할 수 있습니다. 불학佛學을 전문적으로 연구하는 적지 않은 사람들은 바로 이 측면을 믿지 않습니다. 아미타부처님께서 계시고 당연히 그가 부처님임을 믿는 것이 바로 타인을 믿는 것(信他)입니다. 여섯 가지 믿음 중에서 사상을 믿고 아미타부처님(타인)을 믿는 것은 신심에서 가장 많은 부분으로 3분의 1에 해당합니다.

그리고 여섯 가지 믿음 중에서 사상(事)과 상대적인 것은 이체(理)입니다. 우리는 사상을 믿고 또한 이체를 믿어야 합니다. 예를 들면 금으로 반지를 만들면 이것은 둥근 형태이고, 고리를 만들면 또 하나의 형태이며, 목걸이를 만들면 또 다른 형태입니다. 그러나 당신은 이것을 반지라고 인식합니다. 귀걸이와 목걸이도 마찬가지로 모두 금이라고 인식하지 않고, 사상이라고 인식합니다. 금은 바로 이들 귀고리와 반지의 본체입니다. 본체는 금으로, 차별적인 것이 아니라 평등한 것입니다. 그래서 이체理體, 즉 본체는 변하지 않아 생함도 멸함도 없습니다. 그것은 일체 형상을 출현시킬 수 있습니다. 금은 어떠한 형상의 물건으로도 나타날 수 있습니다. 반드시 장방형이어야 합니까? 일정하지 않습니다. 주조하는 상황에 근거하여 일체 상으로 나타날 수 있습니다. 금은 반지를 만든 것으로 나타나는 것

---

2) "믿음[信]이란 자신(自身)의 본원심성(本元心性)·부처님의 말씀[法門]·원인(原因)·과보(果報)·사(事)·이(理)를 의심없이 철저하게 믿는다는 것을 말한다." 『미타요해彌陀要解』

이 아니라 그것은 본래 있는 것입니다. 그것은 녹이지 못하고, 사라지지도 않으며, 전부 그대로 있습니다.

이체와 사상, 우리는 사상을 믿을 수 있고 또 이체를 믿을 수 있습니다. 이체는 바로 법신불입니다. 법신불은 미래제가 다하도록 허공에 가득하고, 과거도 현재도 미래도 없습니다. 우리는 이체와 사상을 같이 믿어야 합니다. 만약 흠결이 있으면 깊은 믿음이 아닙니다. 자기와 타인도 마찬가지 입니다. 아미타부처님(타인)을 믿을 뿐만 아니라 자기의 본원심성(자성본연)을 믿어야 합니다. 이것이 밀종密宗의 근본도리입니다. 수많은 사람들이 모두 밀종을 배우고 싶어하지만, 이것이 밀종의 요령要領임을 알지 못합니다. 단지 관정灌頂을 받기만 하고, 수법修法[3]은 수승한 법익法益에 이르지 못합니다.

밀종의 수승한 곳은 자기의 본원심성, 바로 본존本尊에 있습니다. 선종에서는 무엇을 부처(佛)라고 말합니까? "맑고 깊은 못을 마주하는 것이 부처이다(淸潭對面就是佛)"라고 말합니다. 당신이 맑고 깊은 못의 물을 보고, 맑고 깊은 못을 마주하면 당신 자신이 바로 물 가운데 드러나는데, 이것이 바로 자기의 본원심성입니다. 『관경觀經』에 이르시길, "이 마음 그대로 부처이고, 이 마음 그대로 부처가 된다(是心是佛 是心作佛)"[4] 하였습니다. 당신이 염불하고 있을 때 바로 이 마음으로 부처가 되는 것입니다. 당신이 부처가 되는 이 마음,

---

3) '가지加持 기도법'이라고도 한다. 밀교에서 행하는 식재(息災)·증익(增益)·경애(敬愛)·조복(調伏) 등 4종의 기도법을 말한다.

4) "경계는 마음으로 말미암아 나타나는 까닭에 성불하고자 하면 반드시 마음을 말미암아 성불의 인연을 닦아야 부처님의 의정과보가 드러날 수 있는데, 이를 시심작불是心作佛이라 한다. 마음이 부처가 되지 않으면 마음은 부처를 나타낼 수 없는 까닭이다. 부처는 바로 마음이고 타인은 바로 자신이다. 성취하는 대상인 부처를 거두어 성취하는 주체인 마음으로 돌아가는데, 이를 시심시불是心是佛이라고 한다." 『만선동귀집 강의』 석성범 스님

그것이 본래 그대로 부처입니다. 이것은 선종과 밀종이 완전히 한 뜻(一味)입니다. 그래서 우리는 아미타부처님을 믿고, 자기의 본원심성을 믿어야 합니다.

끝으로 원인에 대한 믿음(信因)과 과보에 대한 믿음(信果)이 있습니다. 수많은 불교도들은 인과에 대한 믿음을 잊어버렸습니다. 정말 인과를 믿는다면 감히 어떻게 악한 일을 저지르겠습니까? 악한 일을 저지르면 그 사람은 변했습니다. 이것이 일반적으로 말하는 인과입니다. 믿음으로는 아직 모자랍니다. 여섯 가지 믿음에서 인과는 한 걸음 더 깊이 나가야 합니다. 단지 선하면 선한 과보가 있고 악하면 악한 과보가 있다고 믿는 것에 그치는 것이 아닙니다. 이것은 당연히 믿어야 하지만 깊은 믿음이 아닙니다. **깊게 믿는 것은 당신은 범부이고 믿음·발원·지명持名으로 한평생 염불하거나 임종시 내지 십념을 염하면 아비발치阿鞞跋致(불퇴전)를 이루게 될 것이라 믿는 것입니다.** 당신은 본래 범부이고 믿음이 있고 발원이 있어 오로지 아미타불을 염하면 이 한 마디 한 마디 염念에는 어떠한 별도의 기교와 미묘함도 없지만, 당신이 현생에서 얻는 과보는 결정코 성불입니다. 증득하여 물러나지 않으면 결정코 성불하지 않겠습니까? 이것은 믿음·발원·지명의 인因으로 무상보리의 과果를 얻는 것입니다. 수많은 사람들은 이를 믿지 못하는 것 같습니다. 일반인은 언제나 이것도 조금 닦고, 저것도 조금 닦고 싶어 합니다. 이것도 구하고 저것도 구하고 싶어서, 이 수승한 인과를 믿을 수 없습니다.

그래서 우리는 여섯 가지 믿음을 가져야 합니다. 여섯 가지 믿음을 가질 수 있다면 이미 매우 깊은 지혜를 가지고 있습니다. 만약 부족하다면 조금씩 증가시켜 가면 됩니다. 현재 사상을 믿고 아미타부처님을 믿는 것으로부터 시작해서 끊임없이 깊이 들어가야 하고,

끊임없이 발전시켜 나가야 합니다. 병이 나면 내가 염불을 잘 할 수 있을지 믿을 수 없습니다. 의사를 찾아 당신의 병을 치료한다면 당신은 의사의 능력이 부처님 명호의 위신력보다 크다고 생각할 것입니다. 당신은 이런 신심에 마땅히 물음표를 쳐야 합니다! 그래서 모두 다 깊이 들어가고 깊이 믿어야 합니다. 이처럼 믿음에는 여섯 가지 측면이 있습니다. 이 여섯 가지 측면을 모두 깊이 믿어야 합니다. 이것이 바로 심요心要입니다.

염불을 많이 하든 작게 하든, 염불할 때 망상이 있든 망상이 없든 그것은 왕생의 관건이 아닙니다. 관건은 당신에게 얼마나 깊은 믿음과 간절한 발원이 있는가에 있습니다. 그래서 우익대사께서는 "왕생 여부는 믿음과 발원의 유무에 달려있다"고 말씀하셨습니다. 발원은 「극락세계가 좋아서 가고 싶어 하고, 사바세계가 싫어서 떠나고 싶어 하는 것(欣慕極樂 厭離娑婆)」입니다. 이 일은 매우 쉬워 보이지만, 실제로는 전혀 쉽지 않습니다. 특히 「사바세계가 싫어서 떠나고 싶어 하는 것」은 대단히 어렵습니다. 얼마간 수행한 사람도 여전히 명성을 다투고 이익을 다툽니다. 이러한 명리는 모두 사바세계의 것이 아닙니까? 미련이 남아 있는 것이 아닙니까? 언제나 조금씩 고쳐가면서 생활하고 싶어 합니다. 고치지 않고 생활한다고 해서 사바세계의 것이 아닙니까? 연인, 부부사이의 감정은 다만 자신에 대한 상대방의 사랑이 진실하지 못할까 두려워할 뿐입니다. 당신에 대한 나의 사랑은 진실하다, 나에 대한 당신의 사랑은 진실하다, 승강이 하며 가슴 아파합니다! 이러한 감정은 극락세계에는 없습니다. 극락세계는 여성이 없고 모두 다 남자입니다. 이러한 감정이 바로 사바세계에 얽매이게 하고, 본래 부처인 당신을 오늘 이런 형태로 타락시키게 합니다. 그래서 진정으로 사바세계를 싫어하는 마음이 필요하고 일체 모든 것에 대해 미련을 갖지 말아야 합니다.

그렇다고 모두 다 출가해야 한다고 말하는 것이 아닙니다. 수많은 출가인의 경우 몸은 출가하였지만, 마음은 여전히 집에 있습니다. 그도 또한 불교에서 지위와 명문을 다투고 있습니다. 또한 새로운 관계를 맺어 그와 서로 친한 사람도 있고. 또 서로 소원한 사람도 있으며, 모르는 사이에 파벌을 형성하여서 자신의 일파와 단결하여 다른 사람을 공격하기도 합니다. 출가하였지만 마음이 집에 있으면 사바세계에 미련이 남아있는 것입니다. 거사들의 경우 가장 좋은 것은 몸이 집에 있으면서 마음으로 출가하는 것입니다. 먼저 담박한 생활로부터 시작하여 점점 진실한 염리厭離로 발전시켜 나가 털끝만큼도 미련이 없어야 합니다.

요컨대 여섯 가지 신심을 확고히 하고, 극락세계가 좋아서 그곳에 태어나길 발원하며, 착실하게 명호를 굳게 지니면(信心堅定 欣願極樂 老實持名) 삼자량이 원만해집니다. 이것이 소본 『아미타경』의 종요입니다.

사경의 공덕

사경(寫經)은 인도에서 석가모니 부처님의 말ˆ씀을 제자들이 산스크리트로 기록했던 것을 불법을 널리 전파하기 위해 다라(多羅)나무 껍질에 베껴 쓴 패엽경(貝葉經)에서 유래되었다. 중국·한국·일본에도 전해져 사경이 성행했다.

사경의 첫 번째 목적은 불법의 광선유포(廣宣流布)이다. 인쇄술이 발달하기 전에는 붓으로 일일이 필사했으나 9세기경 목판인쇄에 의한 판본경, 즉 인경(印經)이 제작된 이후 인경이 그 역할을 대신하고 사경은 장식경(裝飾經)으로 발전하게 되었다. 두 번째 목적은 서사(書寫)의 공덕이다. 불·법·승의 삼보 중 법보에 속하는 경전을 정성을 다해 베껴 쓰는 일은 불교도들에게는 선업으로 인식되었다. 〈법화경〉 같은 대승경전에서는 서사의 공덕을 설하고 사경을 권장했다. 우리나라의 현존하는 가장 오래된 사경은 〈신라백지묵서 대방광불화엄경〉(국보 제196호) 권43으로서, 다음과 같은 발원문 게송을 남기고 있다.

> 내 일념으로 서원하노니
> 미래세 다하도록 필사한 이 경전 파손되지 말기를
> 설사 삼재로 대천세계 부서진다 하더라도
> 이 사경 허공마냥 파괴되지 말지어다.
> 만약 일체중생 이 경을 의지하면
> 부처님 뵈옵고 법문 들으며 사리 받들고

보리심을 발하여 용맹정진하고
보현의 행원 닦아 성불 곧 하리라.

이와 같이 사경은 신앙적 의미를 지닌 공덕경(功德經 : 공덕을 쌓기 위해 조성된 경전)이다. 한 글자씩 정성스럽게 부처님의 말씀을 적어 내려가면서 부처님의 가르침을 마음속에 하나씩 채워나가는 수행이기도 하다. 오랜 시간 사경을 하다보면 자연스럽게 경전이 외워지면서 내용의 이해도가 높아진다. 같은 내용이라도 사경 수행자의 경지에 따라 경을 이해하는 안목과 깊이도 달라진다. 결국, 사경은 불도를 깨닫는 조도(助道) 수행법이기에 어떤 방편 보다도 큰 공덕을 지니게 된다. 경전에는 사경의 공덕에 대해 아래와 같이 언급되어 있다.

"수보리야, 어떤 선남자, 선여인이 아침에 항하사의 모래알처럼 많은 몸으로 보시하고 낮에도 역시 항하사의 모래알처럼 많은 몸으로 보시하고, 저녁에도 역시 항하사의 모래알처럼 많은 몸으로 보시한다고 하자.
이와 같이 한량없는 백천만억 겁 동안 보시할지라도 어떤 사람이 이 경전을 보고 믿는 마음으로 거스리지 않으면, 이 복덕이 앞서 말한 사람의 복덕보다 나으니라. 하물며 이 경을 사경하고 수지독송 하고 다른 사람을 위해 일러주는 사람에게 있어서랴."
_〈금강반야바라밀경〉

"또 어떤 사람이 깊은 신심으로 이 열 가지 원을 받아지녀 읽고 외우거나 한 게송만이라도 사경한다면 무간지옥에 떨어질 죄라도 즉시 소멸되고 이 세상에서 받은 몸과 마음의 모든 병과 모든 고뇌와 아주 작은 악업까지도 모두 소멸될 것이다."
_〈대방광불화엄경입부사의해탈경계 보현행원품〉

"만일 신심이 있어 수지, 독송하고 이를 사경하거나 남에게 사경하게 하며, 경전과 꽃과 향을 뿌리고 수만, 첨복과 아제목다가의 기름을 늘 태워서 공양하는 자는 무량공덕을 얻으리니 하늘이 가없는 바와 같이 그 복 또한 이와 같으리라."

_〈묘법연화경 분별공덕품〉

"보현아, 만일에 이 법화경을 받아 가지고 읽고 쓰고 외우며, 바르게 기억하고 닦고 익히며, 옮겨 쓰는 이가 있으면 마땅히 알라.

이 사람은 석가모니 부처님을 만나 뵙고 부처님의 입으로부터 직접 이 법화경을 설하심을 들은 것과 같으니라.

마땅히 알라. 이 사람은 석가모니 부처님께 공양함이 되며, 이 사람은 부처님께서 착하다고 칭찬하시는 바가 되느니라.

마땅히 또 알아라. 이 사람은 석가모니 부처님께서 손으로 그의 머리를 어루만져 주심이 되며, 이 사람은 석가모니 부처님께서 옷으로 덮어 주심이 되느니라."

_〈묘법연화경 보현보살권발품〉

普賢行願
念佛成佛

어떤 사람이 깊은 신심으로
이 열 가지 원(보현행원)을 받아지녀
읽고 외우거나 한 게송만이라도 사경한다면
무간지옥에 떨어질 죄라도 즉시 소멸되고
이 세상에서 받은 몸과 마음의 모든 병과
모든 고뇌와 아주 작은 악업까지도
모두 소멸될 것이다.
_〈화엄경 보현행원품〉

사경할 때 유의 사항

1. 사경하기 전에는 과식을 하지 않습니다. 배불리 먹으면 집중이 되지 않을 뿐만 아니라 만사가 귀찮아지고 졸음이 오게 됩니다.

2. 세수를 하고 양치질을 합니다. 그리고 깨끗하고 단정한 옷으로 갈아입습니다. 잠옷이나 체육복, 반바지 등 불경(不敬)한 옷차림은 하지 않습니다.

3. 방과 책상 주변을 깨끗이 치우고, 핸드폰이나 TV 등은 끕니다.

4. 사경용 전용 펜을 준비하여 앞으로 그 펜만 계속 사용합니다.

5. 자세를 바르게 한 후 몇 분간 입정(入定)을 합니다.

6. 사경하기 전에 **정구업진언**(수리수리 마하수리 수수리 사바하)을 세 번 낭독한 후, **나무상주시방불 · 나무상주시방법 · 나무상주시방승**을 역시 세 번 합니다. 그런 후 불상이나 불경을 향해 절을 세 번 올립니다.

7. 이제 쓰기 시작합니다. 바른 자세로 앉아 한 자 한 자 또박또박 정성을 들여 써 나갑니다. 쓰는 것을 눈으로 보고 마음속 또는 입으로 한 번 읽습니다.

8. 하루 분량을 마치기 전에 중간에 화장실에 가거나 전화통화를 하거나 대화를 하지 않습니다.

9. 하루 분량을 다 쓴 후 **나무아미타불 · 나무관세음보살 · 나무대세지보살**을 세 번 하고 **회향게**(원이차공덕 보급어일체 아등여중생 당생극락국 동견무량수 개공성불도)를 세 번 봉독합니다.

10. 자기가 쓴 사경집에 절을 세 번 올립니다. 이로써 모든 것이 끝납니다.

11. 100일 또는 한 달을 정해서 하는 경우 이 기간 동안엔 하루도 빠짐없이 사경합니다.

12. 다 쓴 사경집은 가정에서는 가장 청정한 장소에 봉안하고 인연이 닿으면 절의 탑이나 불상(佛像)의 복장(腹藏)에 봉안합니다. 함부로 불에 태우거나 집에 방치해서는 안 됩니다. 평생토록 집에 두고 있어도 좋고 남에게 선물해도 좋습니다.

13. 다 쓴 후 회향문에 자신의 발원이나 회향하려는 내용을 직접 써 넣습니다.

14. 사경할 때에는 참회하는 마음, 불보살님과 모든 존재에게 감사하는 마음, 극락에 왕생하고자 하는 마음을 강하게 품습니다.

15. 다른 분들에게도 부처님 명호나 정토경전 사경하는 것을 많이 권하시길 부탁드립니다. 그리고 본 사경집을 많은 분들에게 선물하십시오. 교도소나 군부대, 요양원, 학교 등지에 법보시를 하시면 불가사의한 공덕을 짓게 됩니다.

불설아미타경
佛說阿彌陀經

노향찬

향로에 향을 사루니
법계에 향기가 가득
부처님 회상에 두루 퍼져서
가는 곳마다 상서구름 맺히나이다
저희 정성 간절하오니
부처님 강림하옵소서

나무향운개 보살마하살
나무향운개 보살마하살
나무향운개 보살마하살

연지찬

연지해회 아미타부처님
관세음보살 · 대세지보살
연화대 앉아계시며
저희들 접인해 황금계단
오르게 하시나이다.
원하옵건대, 큰 서원 널리 여시어
저희들 티끌세상 여의게 하옵소서
나무연지해회 보살마하살
나무연지해회 보살마하살
나무연지해회 보살마하살

나무본사석가모니불

나무본사석가모니불

나무본사석가모니불

개경계

위없이 깊고 깊은 미묘한 법문

백천만 겁에도 만나기 어려워라

제가 지금 듣고 보아 수지하오니

여래의 진실한 뜻 알아지이다

불설아미타경

요진 삼장법사 구마라즙 역

제1품 법회에 오신 성중

이와 같이 나는 들었다. 한때 부처님께서 사위국 기수급고독원에 머무르사, 큰 비구 대중 1,250명과 함께 계셨으니, 그들은 모두 대중들에게 널리 알려진 대아라한으로 곧 장로 사리불, 마하목건련·마하가섭·마하가전연·마하구치라·리바다·주리반타가·난타·아난타·라후라·교범바제·빈두로파라타·가루

타이·마하겁빈나·박구라·아누루타 등의 여러 대제자들이었다. 그리고 문수사리법왕자·아일다보살·건타하제보살·상정진보살 등의 여러 대보살들과 석제환인 등 무량한 제천들도 함께 하셨다.

제2품 극락세계 아미타불을 말씀하시다

그때 부처님께서 장로 사리불에게 이르시길, "여기에서 서쪽으로 십만 억 불국토를 지나가면 「극락」이라 이름하는 세계가 있고, 그 세계에는 명호가 「아미타」인 부처님께서 계시나니, 지금 그곳에서 안온히 주지하시면서 법을 설하시고 계시느니라.”

제3품 극락을 보여서 믿음을 일으키시다

사리불아, 저 국토를 어떤 인연으로 「극락」이라 하는가? 저 국토의 중생들은 어떠한 괴로움도 없고 오직 온갖 즐거움만 누리나니, 이러한 인연으로 「극락」이라 하느니라.

또한 극락국토에는 일곱 겹의 보배 난순과 일곱 겹의 보배 그물과 일곱 겹의 보배 나무가 있나니, 모두 네 가지 보배로 장엄되어 있고 그 주위를 둘러싸고 있느니라. 이러한 인연으로 저 국토를 「극락」이라

하느니라.

또한 사리불아, 극락국토에는 곳곳마다 칠보연못이 있어 그 속에는 팔공덕수가 가득하며, 그 연못의 바닥에는 순금모래가 깔려 있고, 연못 사방으로 계단길이 놓여 있으며, 금·은·유리·파려가 합하여 이루어져 있느니라. 그 길 위에는 누각이 있나니, 그 또한 금·은·유리·파려·자거·붉은 진주·마노로 장식되어 있느니라.

그 연못에는 갖가지 연꽃이 있나니, 그 크기가 수레바퀴만 하고, 푸른 빛깔에는 푸른 광채가 빛나며, 노란 빛깔에는 노란 광채가 빛나며, 붉은 빛깔에는 붉은 광채가 빛나며, 흰 빛깔에는 흰 광채가 빛나서 섬세하고 미묘하며 향기롭고 정결하니라.

사리불아, 극락국토는 이와 같은 공덕 장엄으로 이루어져 있느니라.

또한 사리불아, 저 불국토에는 천상의 음악이 늘 연주되고, 황금으로 대지가 되어 있으며, 밤낮으로 여섯 때에 천상의 만다라화가 비오듯이 내리느니라. 저 국토의 중생들은 늘 새벽마다 각자 바구니에 온갖 미묘한 꽃을 가득 담아 타방세계 십만 억 부처님께 공양하고, 곧 식사 때에 본래 국토로 돌아와서 함께 식사하고 경행하느니라.

사리불아, 극락국토는 이와 같은 공덕 장엄으로 이루어져 있느니라.

다시 또 사리불아, 저 국토에는 늘 갖가지 기묘한 여러 빛깔의 새들이 있나니, 백학 · 공작 · 앵무새 · 사리새 · 가릉빈가 · 공명조 등과 같은 온갖 새들이 밤낮으로 여섯 때에 평안하고 단아한 소리를 내어 서 그 소리가 오근 · 오력 · 칠보리분 · 팔 정도 등 이와 같은 법을 연설하나니, 그 국토의 중생들은 그 소리를 듣고서 부처 님을 생각하고 불법을 생각하며 승가를 생각하느니라.

사리불아, 이 새들이 실제로 죄의 과보로 생겼다고 말하지 말라. 왜 그러한가? 저 불국토에는 삼악도가 없기 때문이니라. 사리불아! 그 불국토에는 삼악도라는 이름조차 없거늘 하물며 실제로 그런 것이 있겠느냐? 이러한 갖가지 새들은 모두 아미타부처님께서 범음을 널리 펴고자 위신력으로 변화하여 이루어진 것이니라.

사리불아, 저 불국토에는 미묘한 바람이 불어와 모든 보배나무와 보배그물이 흔들리며 미묘한 소리가 나니, 이는 비유컨대 백천 가지 천상의 음악이 동시에 연주되는 것과 같으니라. 이 소리를 듣는 이는 모두 다 부처님을 생각하고, 불법을 생각하고, 승가를 생각하는 마음이 저절로 생기느니라. 사리불아, 저 불국토는 이와 같은 공덕장엄으로 이루어져 있느니라.

제4품 아미타불을 보여서 믿음을 일으키다

사리불아, 그대 생각에는 어떠한가? 저 부처님은 어떤 인연으로 명호를 「아미타」라 하는가? 사리불아, 저 부처님께서는 무량한 광명을 시방세계 불국토에 두루 비추시어 장애가 없느니라. 이러한 인연으로 명호가 「아미타」이니라. 또한 사리불아, 저 부처님과 그 국토 사람들의 수명이 무량무변 아승지겁이니, 이러한 인연으로 「아미타」라 이름하느니라. 사리불아, 아미타불께서 성불하신지 지금 십겁이 지났느니라.

또한 사리불아, 저 부처님께는 무량무변의 성문 제자들이 있나니, 모두 아라한으로 그 수는 헤아려 알 수 있는 것이 아니고, 모든 보살대중도 또한 이와 같으니라.

사리불아, 저 불국토는 이와 같은 공덕장엄으로 이루어져 있느니라.

제5품 극락에 태어나길 발원하라

또한 사리불아, 극락국토에 태어나는 중생들은 모두 불퇴전지 보살이며, 그 가운데 일생보처 보살들도 매우 많아서 그

수는 헤아려 알 수 없으며, 단지 무량무변 아승지라 비유할 뿐이니라. 사리불아, 저 불국토의 극락장엄을 들은 중생들은 마땅히 저 국토에 태어나길 발원해야 하느니라. 왜 그러한가? 그들은 저 국토에서 이와 같은 수많은 상선인들과 한곳에 모여 살 수 있기 때문이니라.

제6품 집지명호의 행을 세워라

사리불아, 적은 선근·복덕·인연으로는 저 불국토에 태어날 수 없느니라. 사리불아, 선남자 선여인이 아미타부처님에 대한 설법을 듣고, 그 명호를 집지하여, 하루나 이틀이나 사흘이나 나흘이나 닷새나 엿새나 이레 동안 일심에 이르러 산란하지 않는다면, 그 사람이 목숨을 마치려 할 때에 아미타부처님께서 수많은 성중들과 함께 그 앞에 나타나느니라. 그래서 그 사람은 임종할 때에 마음이 전도되지 아니하고 아미타부처님의 극락국토에 즉시 왕생할 수 있느니라.

사리불아, 나는 이러한 진실한 이익을 보았기에 이러한 말을 하는 것이니, 이 말을 들은 중생들은 마땅히 저 국토에 태어나길 발원해야 하느니라.

제7품 육방제불께서 믿을 것을 권하시다

사리불아, 내가 지금 아미타불의 불가사의한 공덕 이익을 찬탄하는 것처럼 동방에도 아촉비불·수미상불·대수미불·수미광불, 묘음불 등과 같이 항하의 모래알 수만큼이나 많은 제불께서 계시며 각각 자신의 국토에서 광장설상을 내미시어 삼천대천세계를 두루 덮고 참되고 실다운 말씀으로 이르시길, "너희 중생들은 《칭찬불가사의공덕 일체제불소호념경》을 믿을지니라." 하시니라.

사리불아, 남방세계에도 일월등불·명문광불·대염견불·수미등불·무량정진불 등과 같이 항하의 모래알 수만큼이나 많은 제불께서 계시며, 각각 자신의 국토에서 광장설상을 내미시어 삼천대천세계를 두루 덮고 참되고 실다운 말씀으로 이르시길, "너희 중생들은 《칭찬불가사의공덕 일체제불소호념경》을 믿을지니라." 하시니라.

사리불아, 서방세계에도 무량수불·무량상불·무량당불·대광불·대명불·보상불·정광불 등과 같이 항하의 모래 알 수만큼이나 많은 제불께서 계시며, 각각 자신의 국토에서 광장설상을 내미시어 삼천대천세계를 두루 덮고 참되고 실다운 말씀으로 이르시길, "너희 중생들은 《칭찬불가사의공덕 일체제불소호념경》을 믿을지니라." 하시니라.

사리불아, 북방세계에도 염견불·최승음불·난저불·일생불·망명불 등과 같이 항하의 모래알 수만큼이나 많은 제불께서 계시며, 각각 자신의 국토에서 광장설상을 내미시어 삼천대천세계를 두루 덮고 참되고 실다운 말씀으로 이르시길, "너희 중생들은 《칭찬불가사의공덕 일체제불소호념경》을 믿을지니라." 하시니라.

사리불아, 하방세계에도 사자불·명문불·명광불·달마불·법당불·지법불 등과 같이 항하의 모래알 수만큼이나 많은 제불께서 계시며, 각각 자신의 국토에서 광장설상을 내미시어 삼천대천세계를 두루 덮고 참되고 실다운 말씀으로 이르시길, "너희 중생들은 《칭찬불가사의공덕 일체제불소호념경》을 믿을지니라." 하시니라.

사리불아, 상방세계에도 범음불·수왕불·향상불·향광불·대염견불·잡색보화엄신불·사라수왕불·보화덕불·견일체의불·여수미산불 등과 같이 항하의 모래알 수만큼이나 많은 제불께서 계시며, 각각 자신의 국토에서 광장설상을 내미시어 삼천대천세계를 두루 덮고 참되고 실다운 말씀으로 이르시길, "너희 중생들은 《칭찬불가사의공덕 일체제불소호념경》을 믿을지니라." 하시니라.

사리불아, 그대 생각에는 어떠한가? 어떤 인연으로 《일체제불소호념경》이라 부르는가? 사리불아, 선남자 선여인이 이 경을 수지하고 제불의 명호를 듣는다면, 이 모든 선남자 선여인은 모두 일체제불의 호념을 받아 아뇩다라삼먁삼보리에서 물러나지 않을 것이니라. 그러므로 사리불아, 너희들은 나의 말과 제불의 말씀을 믿고 받아 지닐지니라.

제8품 부처님께서 발원할 것을 권하다

사리불아, 아미타불 국토에 태어나겠다고 이미 발원하였거나 지금 발원하거나 당래에 발원하는 이들은 모두 아뇩다라

삼먁삼보리에 물러나지 아니하여서 저 국토에 벌써 태어났거나 지금 태어나거나 당래에 태어날 것이니라. 그러므로 사리불아, 모든 선남자 선여인이 믿음을 내었다면 응당 저 국토에 태어나길 발원할지니라.

제9품 부처님께서 행할 것을 권하시다

사리불아, 내가 지금 제불의 불가사의한 공덕을 칭찬한 것처럼 저 제불께서도 또한 나의 불가사의한 공덕을 찬탄하시며 말씀하시길, "석가모니부처님께서는 참으로 어렵고 희유한 일을 능히 하셨도다. 시대가 흐리고 견해가 흐리고 번뇌가 흐리고 중생이 흐리고 수명이 흐린 이 사바 세계 오탁악세에서 아뇩다라삼먁삼보리를 얻으시고, 수많은 중생을 위하여 이 일체 세간이 믿기 어려운 법을 설하셨도다." 하시느니라.

사리불아, 내가 이 오탁악세에서 이 어려운 일을 행하여 아뇩다라삼먁삼보리를 얻었고 일체 세간을 위하여 이 믿기 어려운 법을 설하였으니, 이는 진실로 어려운 일임을 알지니라.

제10품 성중들이 환희하며 봉행하다

부처님께서 이 경을 말씀하시자, 사리불

등의 모든 비구들과 일체세간의 천·인·아수라 등이 부처님께서 하신 말씀을 듣고 모두 크게 환희하며 신수봉행하였으며, 부처님께 절을 하고는 물러갔느니라.

발일체업장근본득생정토신주

나무아미다바야 · 다타가다야 · 다지야타 · 아미리도바비 · 아미리다 · 실담바비 · 아미리다 · 비가란제 · 아미리다 · 비가란다 · 가미니 · 가가나 · 지다가례 · 사바하

결정왕생정토진언
나모 사만다 못다남 옴 아마리 다
바베 사바하

상품상생진언
옴 마리다리 훔훔바닥 사바하

아미타불심주
다냐타 옴 아리다라 사바하

아미타불심중심주
옴 로게 새바라 라아 하릭

무량수여래심주
옴 아미리다 제체 하라훔

무량수여래근본다라니

나 모라 다나다라야야 나막 알야 아미다바야 다타아다야 알하제 삼막 삼못다야 다냐타 옴 아마리제 아마리도 나바베 아마리다 알베 아마리다 싯제 아마리다 제체 아마리다 미가란제 아마리다 미가란다 아미리 아마리다 아아야 나비가레 아마리다 냥노비 사바레 살

발타 사다니 살바갈마 가로삭사
염가레 사바하

대보부모은중진언
나무 사만다 못다남 옴 아아나 사
바하

선망부모왕생정토진언
나무 사만다 못다남 옴 출제류리
사바하

참회게
아석소조제악업(我昔所造諸惡業)
개유무시탐진치(皆由無始貪瞋癡)
종신구의지소생(從身口意之所生)
일체아금개참회(一切我今皆懺悔)

참회진언
옴 살바 못자 못지 사다야 사바하

보회향진언
옴 삼마라 삼마라 미마나 사라마
하 자거라 바 훔

원성취진언
옴 아모까 살바다라 사다야 시베
훔

보궐진언
옴 호로호로 사야목케 사바하

미타찬

아미타부처님, 48대원을 세우신 법왕이시여!

중생을 위해 베푸시는 자비희사의 마음은 헤아리기 어렵나니, 미간에서 항상 백호광을 발하시어 중생들을 극락세계로 인도하십니다.

팔공덕수 연못 안에는 구품 연꽃들이 피어있고, 연못 주위에는 칠보의 미묘한 나무가 사이사이 줄지어 늘어서서 장식하고 있습니다.

아미타여래의 거룩한 명호를 선양하오니 저희들을 접인하시어 서방에 왕생하게 하옵고, 아미타부처님 거룩한 명호를

칭양하오니 다 함께 서방에 왕생하게
하옵소서.

찬불게

아미타불 청정법신 금빛으로 찬란하고
거룩하신 상호광명 짝할이가 전혀없네
아름다운 백호광명 수미산을 둘러있고
검고푸른 저눈빛은 사해바다 비추시며
광명속에 화신불이 한량없이 많으시고
보살도를 이룬사람 또한 그지없나이다
중생제도 이루고자 사십팔원 세우시고
구품으로 중생들을 피안으로 이끄시네

나무서방 극락세계 대자대비 아미타불
나무아미타불

(백 번 ~ 천 번)

아 미 타 불

(백 · 천 번)

나무관세음보살
나무대세지보살
나무청정대해중보살

(세 번)

대자보살 발원게

극락세계 아미타부처님께서는
시방삼세 제불 중에 제일이어라
구품으로 일체중생 건져주시니
그 복덕과 위신력이 무궁합니다
저희들이 이제 크게 귀의하오니
삼업으로 지은 죄업 참회하옵고
무릇 모든 복덕과 선근이 있으면
지극한 마음으로 회향하옵니다
원하옵건대 염불인에게 다같이
감응하여 때에 따라 현현하옵고
임종시에 서방극락세계 경계가
눈앞에 분명하게 나타나지이다

저희들 보고 들은 것 모두 정진하여
모두 함께 서방극락국토에 왕생하고
아미타부처님 친견해 생사 벗어나서
부처님처럼 일체중생 제도하겠나이다

끝없는 번뇌를 끊으오리다
무량한 법문을 배우오리다
한없는 중생을 건지오리다
위없는 불도를 이루오리다

허공끝이 있사온들
저희서원 다하리까
유정들도 무정들도

일체종지 이루어지다

시방삼세일체불 일체보살마하살
마하반야바라밀

삼귀의

부처님께 귀의하와 바라노니 모든중생
큰이치 이해하고 위없는맘 내어지이다

법보에게 귀의하와 바라노니 모든중생
삼장속에 깊이들어 큰지혜 얻어지이다

승가에게 귀의하와 바라노니 모든중생
많은대중 통솔해 온갖장애 없어지이다
거룩하신 모든 성중에게 예경하나이다

회향게

원하옵건대 이 공덕으로
불국정토 장엄하여서
위로 사중의 은혜 갚고
아래로 삼악도의 괴로움 건너게 하옵소서
만약 견문이 있는 이는
모두 보리심을 발하여
이번 보신이 다할 때
함께 극락국토에 태어나지이다

南無阿彌陀佛

善導大師
彌陀化身
創定淨土宗古今
楷定古今
本願稱名
凡夫入報
平生業成
現生不退

長坐不臥

아미타불의 화신 선도대사의 장좌불와 정진과 보살행

선도대사는 30여 년 동안 밤에 눕지 않았고, 어느 곳에서도 잠을 잔 적이 없었다. 날마다 반주삼매般舟三昧를 닦고 예불하며 방등경에 예배함을 자신의 수행으로 삼았다. 게다가 계율을 호지護持하여 털끝만큼도 허물고 범한 적이 없었다. 지금까지 여자를 쳐다본 적도 없었고, 마음에 명리의 마음을 한 생각도 일으키지 않았으며, 입으로 교묘하게 꾸미는 말을 하지도 않았고, 희롱하며 웃는 일도 없었으며, 그 행지가 매우 엄격하셨다. 사람들이 공양한 돈은 《아미타경》을 필사 하는데 사용하여 모두 십만 여 권을 필사 하였고, 정토변상도를 3백여 폭을 그렸다. 가사 옷과 바리때를 다른 사람이 씻도록 하지 않았고, 노년에 이르기까지 줄곧 인연 있는 중생을 교화하셨다 관경사첩소현의강기 중에서

연지대사 왕생극락 발원문

극락세계에 계시옵사 중생들을
이끌어주시는 아미타부처님께 귀
의하옵고 그 세계에 가서 나기를
발원합니다.
자비하신 원력으로 굽어 살펴 주
옵소서.

저희들이 네 가지 은혜 입은 이

와 중생들을 위해 부처님의 위없는 도를 이룩하려는 정성으로 아미타불의 거룩하신 명호를 일컬어, 극락세계에 가서 나기를 원하나이다.

업장은 두텁고 복과 지혜 엷어서 더러운 마음 물들기 쉽고 깨끗한 공덕 이루기 어려워 이제 부처님 앞에서 지극한 정성으로 예배하고 참회합니다.

저희들이 끝없는 옛적부터 오늘
에 이르도록 몸으로 입으로, 또
마음으로 한량없이 지은 죄와 한
량없이 맺은 원수 모두 녹아버리
고, 오늘부터 서원 세워 나쁜 짓
멀리하여 다시 짓지 아니하고,
보살도를 항상 닦아 물러나지 아
니하며, 정각을 이루어서 중생을
제도하려 하오니 아미타부처님이
시여, 대자대비하신 원력으로 저
를 증명하시며 어여삐 여기고 가
피하시사 삼매에서나 꿈속에서나

아미타부처님의 거룩한 상호를 뵈옵고, 장엄하신 국토에 다니면서 감로도 뿌려주시고, 광명으로 비춰주심 입사와 업장은 소멸되고 선근은 자라나고, 번뇌는 없어지고, 무명은 깨어져서 원각의 묘한 마음 뚜렷하게 열리고, 상적광토가 항상 앞에 나타나지이다.

또 이 목숨 마칠 때 갈 시간 미리 알아 여러 가지 병고 액난이

몸에서 없어지고, 탐진치 온갖
번뇌 마음에 씻은 듯이 사라지
며, 육근이 화락하고 한 생각이
분명하여 이 몸을 버리기를 정
(定)에 들듯 하옵거든, 그때에 아
미타부처님께서 관음 · 대세지 두
보살과 성중 거느리시고 광명 놓
아 맞으시며 대자대비로 이끄시
사 높고 넓은 누각들과 아름다운
깃발들과 맑은 향기, 고운 음악,
거룩한 극락세계 눈앞에 나타나
면, 보는 이 듣는 이들 기쁘고

감격하여 위없는 보리마음 다같이 발하올 제 이 내 몸 연화보좌 금강대에 올라앉아, 부처님 뒤를 따라 극락정토 나아가서, 칠보로 된 연못 속에 상품상생한 뒤에 불보살 뵈옵거든 미묘한 법문 듣고, 무생법인 깨치며 부처님 섬기옵고, 친히 수기 받아 삼신(三身) 사지(四智)와 오안(五眼) 육통(六通)과 백천 다라니와 온갖 공덕을 원만하게 이루게 하여지이다.

그러한 후 극락세계를 떠나지 아니하고 사바세계에 다시 돌아와 한량없는 분신으로 시방국토 다니면서 여러가지 신통력과 가지가지 방편으로 무량중생 제도하여, 탐진치 삼독 멀리 떠나 깨끗한 참마음으로 극락세계 함께 가서 물러나지 않는 자리에 오르게 하려 하옵니다.

세계가 끝이 없고 중생이 끝이 없고, 번뇌 업장이 모두 끝이 없기에 이내 서원도 끝이 없나이다.

저희들이 지금 예배하고 발원하
여 닦아 지닌 공덕을 중생에게
베풀어 네 가지 은혜 골고루 갚
고 삼계 유정을 모두 제도하여
다 함께 일체종지가 이루어지이
다.

나무아미타불
나무아미타불
나무극락도사 아미타여래불

회향문

_____은(는) 발원하며 회향하옵니다.

거룩한 부처님께 귀의합니다.
거룩한 부처님 가르침에 귀의합니다.
거룩한 승가에 귀의합니다.

영원토록 부처님 법에 따라 살기를 발원합니다.
모든 중생이 위없는 보리심을 내기를 발원합니다.
삼악도에서 고통 받는 모든 중생들이 해탈하기를 발원합니다.
저와 인연이 있는 이들이 고통이 없는 세상에서 살아가기를 발원합니다.
무시(無始) 이래로 저와 인연을 맺은 모든 존재에게 진심으로 용서를 구합니다.
이 몸이 죽을 때에 아미타부처님의 접인을 받아 극락세계에 왕생하기를 발원합니다.

아미타경 사경 공덕을 온 법계에 두루 회향합니다.
아미타경 사경 공덕을 저의 극락왕생에 회향합니다.
아미타경 사경 공덕을 조상님들과 부모님의 극락왕생에 회향합니다.
아미타경 사경 공덕을 삼계 모든 중생이 보리심을 내는데 회향합니다.
아미타경 사경 공덕을 지금 투병생활을 하고 있는 _____님의 완쾌에 회향합니다.
아미타경 사경 공덕을 돌아가신 _____님의 극락왕생에 회향합니다.

_____
_____

20___년   월   일

아미타경 사경집

1판 1쇄 펴낸 날 2022년 5월 8일(부처님오신날)

편저 무량수여래회
발행인 김재경 **편집 · 디자인** 김성우 **마케팅** 권태형 **제작** 현주프린팅
펴낸곳 도서출판 비움과소통
　　　　　경기 평택시 목천로 65-15, 102동 601호
　　　　　전화 031-667-8739 팩스 0505-115-2068
　　　　　이메일 buddhapia5@daum.net

© **무량수여래회, 2022**
ISBN 979-11-6016-084-0 03220

✻ 경전을 수지독경하거나 사경하거나 해설하거나 유포하는 법보시는
　　한 사람의 붓다를 낳는 가장 위대한 공덕이 되는 불사입니다.
✻ 전세계 정종학회에서 발간된 서적은 누구든지 번역해서 사용할 수 있습니다.
　　한국어판 역시 본 출판사의 동의 하에 누구든지 포교용으로 활용이 가능합니다.
✻ 전법을 위한 법보시용 불서는 저렴하게 보급 또는 제작해 드립니다.
　　다량 주문시에는 표지 · 본문 등에 원하시는 문구(文句)를 넣어드립니다.